AF384563

DE L'URGENCE

D'AVOIR UNE LOI

RÉGLANT AVEC ÉQUITÉ

LA DISTRIBUTION DES EMPLOIS PUBLICS

BELLEVILLE

IMPRIMERIE DE GALBAN, RUE DE PARIS, 10

—

1848

DE L'URGENCE

D'AVOIR UNE LOI

RÉGLANT AVEC ÉQUITÉ

LA DISTRIBUTION DES EMPLOIS.

La patrie a besoin d'un soldat : tout Français doit se rendre à cet appel ; c'est son *devoir*.

Le pays a besoin de fonctionnaires civils : tout Français ayant accompli son *devoir* peut aspirer à ces emplois ; c'est son *droit*.

Dans toutes les constitutions dont la France a été gratifiée depuis 1789, l'on trouve, entr'autres droits toujours respectés : les Français *sont égaux devant la loi; ils sont admissibles à tous les emplois.*

Ces mêmes principes avaient été inscrits dans la *Charte-Vérité*, peut-être avec le plus grand sang froid et la meilleure foi du monde; cependant, on ne peut nier que, si nous sommes 33 millions de Français, les constitutions antérieures et la Charte-Vérité ne furent, dans l'application de ces deux principes, le plus insigne mensonge pour au moins 32 millions de ces mêmes Français. Malgré les droits écrits dans les pactes de la nation, nous savons tous ce qu'il arrivait sous les précédents gouvernements ; qui oserait assurer ce qu'il en sera avec le régime nouveau ?

Mais, pour moi, ayant porté mon attention sur la manière dont les emplois publics ont été distribués depuis les trois mois du nouveau régime, et après avoir fait la part des circonstances, je crois qu'il est bon de faire en sorte d'empêcher le retour du favoritisme, qui ne fut pas le moindre des méfaits reprochés si justement au dernier gouvernement.

Enfin, je crois que le meilleur moyen de préserver les hommes arrivant au pouvoir de dévier du sentier si étroit de l'*impartialité*, c'est de les astreindre par la loi à une règle sévère qui les retienne dans le droit commun.

C'est un ardent désir de voir une loi assurer à tous les Français une *chance égale* à l'admission aux emplois publics qui me donne le courage d'émettre une *idée* sur ce sujet. Mais plus je l'examine, et plus je comprends que cette idée ne peut recevoir ses développements réguliers et fructueux qu'après un bien mûr examen d'hommes compétents. Je ne ferai donc que d'indiquer comment l'on pourrait atteindre le but proposé dans cette question si complexe ; enfin, je serai heureux si, étant parvenu à faire connaître mon intention, l'on y trouve une excuse à ma hardiesse d'oser écrire en étant si peu capable. Du reste, voici ma façon de penser sur la manie d'écrire qui tourmente tant de gens en ce moment.

Je pense qu'une *idée* venant d'en haut, elle

peut être le partage de tous ou de chacun ;
mais je suis intimement persuadé que la su-
prême puissance de laquelle émane une *idée*,
a établi la règle immuable que ce n'est qu'a-
près de profondes études que ceux-là seuls
qu'elle a choisis pour ses *élus*, en les marquant
du sceau d'une intelligence supérieure, peuvent
résoudre les grandes questions sociales.

Ce sera sous cette réserve que je m'occuperai
de la question si grave de la dispensation
équitable des fonctions publiques, ne pouvant
douter un instant que l'on puisse faire, en
1848, une constitution pour la France sans
qu'elle consacre de nouveau l'égalité devant
la loi et le droit de tous les citoyens aux fonctions publiques.

De nombreux avantages résulteront de l'application sincère de ces grands principes, et
celui de rendre à tous les Français les chances
égales pour la distribution des emplois ne sera
pas le moindre.

J'avoue que ce qui apparaît si bien en
théorie offre des difficultés dans la pratique,
et que, par exemple, s'il n'y a, je suppose, que

300,000 emplois pour 33,000,000 de citoyens français, qui désignera ceux qui doivent être préférés ! Le *mérite*, dira-t-on ; mais les fonctions dans un grand Etat comme la France demandent des aptitudes très-variées, et il peut y avoir, par exemple, le même jour, besoin à pourvoir aux emplois de professeur et de concierge dans un collége. Je pense que le professeur doit être nommé d'après des précautions assurant l'impartialité, donc parmi les personnes ayant pris part à un concours, enfin en vertu d'un principe qui sera le *mérite* supérieur ; mais l'emploi du concierge, ou tout autre de ces emplois subalternes, à la portée de tous pour ainsi dire, ces emplois doivent être distribués en vertu d'une règle établie. Oui, il est naturel que les fonctions publiques, ce patrimoine de *tous*, ne soient plus livrées aux caprices de quelques hommes puissants, et nous devons faire en sorte qu'à la volonté si fragile des hommes, l'on substitue la force majestueuse et régulière de la loi ; en un mot, que l'on fasse pour les emplois civils quelque chose d'analogue à ce qui existe déjà pour le recrutement et l'avancement dans l'armée, et que l'égalité des citoyens devant la loi soit *enfin* une vérité. Je dis *enfin*, car je ne crois pas que cette égalité existait quand, avec de l'argent, l'on pouvait éviter de payer au pays l'impôt du sang, chargeant un mercenaire pressé par la misère ou l'inconduite d'aller recueillir votre part de dangers et de gloire.

Mais comme l'a dit, le 2 juin 1848, le citoyen ministre de la justice dans la séance de l'Assemblée nationale : « Toutes les lois iniques ont été véritablement abrogées par le seul fait des évènements de février et du changement qui en est résulté. » Vous voyez : toutes les lois iniques, dit-il ! Et peut-on trouver rien de plus inique que la loi de recrutement pour l'armée telle que nous l'avait imposée le régime bâtard qui vient de tomber si honteusement, loi qui protégeait cette ignoble traite des blancs exercée par des établissements patentés ?

J'insiste sur la nécessité de doter la France d'une loi de recrutement dont tous les principes seraient en conformité parfaite avec ceux

qui nous régissent; d'abord parce que plus
une loi est équitable, plus elle obtient aisé-
ment le respect de tous, et aussi parce que la
loi de recrutement, basée sur l'égalité, serait
le pivot du système que je vais exposer, et qui
consiste en rapports très-intimes entre le recrutement pour l'armée et celui pour les fonctions civiles.

Ainsi je proposerais que les numéros obtenus
lors du tirage au sort pour le recrutement de
l'armée servent au classement des *ayant-droit,*
qui sont pour moi tous les Français entrant
dans la carrière publique par leur obéissance
à la loi du recrutement.

Je demande la permission de présenter sur
une petite échelle l'application du mécanisme,
au moyen duquel l'on pourrait réaliser le
système de *chances égales* pour tous à l'admission aux emplois publics.

Je prends donc pour base de mon opération
l'administration du 6me arrondissement muni-
cipal de Paris. Je suis guidé dans ce choix par
deux considérations : 1° parce que cet arrondissement occupe parmi les arrondissements

du département de la Seine une espèce de milieu par le nombre et le mélange de sa population, ainsi que par son influence politique; 2° parce que, bien qu'il soit évident que, corps d'armée, administrations ou individu, aucun ne peut réclamer le mérite d'avoir plus que tout autre contribué aux résultats des évènements de février 1848; l'on peut cependant dire que la 6ᵐᵉ légion, son intrépide colonel *Husson* en tête, a eu sa part d'initiative dans ces journées mémorables.

Maintenant, supposons qu'au dernier tirage au sort pour le recrutement de l'armée il se trouvait dans cet arrondissement, *après la révision*, 300 jeunes hommes reconnus propres pour le service militaire : l'on procédera au tirage des nᵒˢ de 1 à 300; les besoins de l'armée exigent la mise en activité de 150 hommes; la réserve en retient, sous le coup d'être appelés au service, 50 autres hommes; les 100 autres restant seront donc libérés du service militaire.

Pour les 200 jeunes citoyens auxquels sont échus les nᵒˢ de 1 à 200, et par ce fait et celui de présenter un congé régulièrement délivré, ils auraient une préférence sur tous les autres citoyens quand il s'agirait d'emplois publics et dans tous corps organisés militairement : tels que douaniers, gardes-côtes, gardes des marchés ou prisons, etc., etc., les admissions devant avoir lieu par ordre numérique, en commençant par les n[os] les moins élevés. Il faut que ce droit soit inaliénable hors le cas de refus positif, ou de ceux prévus par des règlements fixant les conditions d'âge et de capacité ; règlements qui ne devront en aucun cas s'écarter de ce principe, que toutes fonctions publiques rétribuées par l'Etat, c'est-à-dire avec les deniers de tous, doivent être *toutes* pour *tous*.

Le privilége accordé aux jeunes citoyens ayant été soldats serait une compensation des dangers et des fatigues qu'ils auraient éprouvés au service militaire ; service qui les aurait d'ailleurs rendus plus aptes à être reçus de préférence dans des corps de fonctionnaires soumis à une discipline qui se rapproche souvent de celle à laquelle ils ont obéi lorsqu'ils faisaient partie de l'armée.

Ce privilége des anciens militaires en cas d'emplois dans les corps disciplinés, ce privilége les priverait-il des droits aux fonctions civils ; ceci et bien d'autres points de droit ne sera décidé qu'après mûr examen.

Si j'insiste, c'est parce que je crains que l'on retrouve dans cette préférence une atteinte aux principes d'égalité réclamés plus haut avec tant de persévérance. Non, cependant, car le classement vient du principe de *chances égales pour tous* ; principe qui n'existe réellement qu'au moment où le jeune citoyen prend un numéro parmi ceux remis dans une urne. Certes, ce numéro le classe au hasard, près ou loin des bonnes ou mauvaises chances, son sort tel qu'il soit ayant pu être celui de tout autre ; en tous cas, il subit donc une chance égale pour tous.

Voici mes 200 jeunes citoyens , ayant été soumis à la loi militaire , classés tant bien que mal ; voyons à présent pour les 100 autres qui ont obtenu les nᵒˢ 201 à 300. Voici comment je voudrais que l'on agit à leur égard pour leur faire partager le bénéfice d'égalité de droits pour tous. Mais permettez-moi une digression indispensable. Le citoyen qui devra remplir une vacance sera-t-il pris dans son canton ou partout en France? Il me semble que l'on peut dire que, pour un emploi dépendant de l'arrondissement ou du canton, il y aurait justice et convenance à ce que l'emploi fut donné à un conscrit dudit arrondissement ou canton. Pour les placer dans les administrations du gouvernement, on prendrait les employés dans cette pépinière de commis habiles qui se seraient formés dans les emplois municipaux. Enfin, supposons que l'on a admis que les vacances d'emplois dans les municipalités seront remplis par les ayant-droit, conscrits du canton ou arrondissement.

Puisque nous avons pris pour faire l'essai de notre système la mairie du 6me arrondissement, je vous avouerai qu'il faut que je me compose un personnel qui ne soit pas positivement celui qui fonctionne en ce moment; sans cette précaution, je pourrais tomber dans des personnalités qui sont loin de ma pensée. Je prétends aussi, comme ce serait mon désir, que, dans les grands centres de population, les maires et adjoints seraient rétribués par l'État, et n'arriveraient à ces fonctions éminentes qu'après avoir occupé les emplois inférieurs. Nous aurions alors des magistrats municipaux très-capables, et toujours à leur poste, tandis que, par l'élection, vous avez des hommes de parti quelquefois, toujours de braves gens, étant seulement par fois sans façon avec leurs administrés, et faisant dire à des gens qui voudraient se marier le lundi : M. le maire ne vient que le samedi, vous vous présenterez ce dit jour; en effet, alors il vous bâcle en masse tous ceux qui se présentent, quitte à renvoyer les derniers un peu tard.

Mais, mon Dieu, je parle des mœurs des maires de l'ancien régime comme s'ils existaient encore.

Voici comment je propose, pour le besoin de ma comparaison, le personnel de ma mairie.

1 Maire..............	2,000 f. et logé.
1 Adjoint (le 1er)......	2,000
1 Id. (le 2me)......	1,800

1 Secrétaire.......... 1,500
1 Caissier............ 1,500
4 Écrivains (1re classe).. 1,200 chaque,
4   Id.   (2me classe). 1,000   id.
4 Garçons de bureaux. 800   id.
1 Concierge.......... 600 et logé.

Nous avons considéré les moyens de pourvoir aux 100 autres jeunes citoyens classés dans les n°s 201 à 200. Dans le personnel de cette mairie présentée en sujet de supposition, il faut maintenant que je fasse naître une va-cance. Mettons qu'un de MM. les adjoints a quitté la place pour une raison quelconque, et voilà une occasion de placer le citoyen qui a eu le n° 201. Non pas adjoint du maire, cette prétention ne serait pas raisonnable : voici ce que je voudrais que l'on fît en cette occur-rence.

Le secrétaire de la mairie prendrait la place laissée vacante par le citoyen adjoint, le caissier celle de secrétaire, le plus ancien des écrivains serait caissier de droit. Les autres écrivains avanceraient d'un degré, un des garçons de bureaux deviendrait écrivain , le concierge pourrait devenir garçon de bureau. Par ce moyen , l'administration municipale se trouverait n'avoir besoin que d'un concierge , et son devoir serait d'avertir le citoyen ayant-droit, qui sera mis en demeure d'accepter ou de refuser. Le refus emporterait la perte du droit , hors le cas où il serait appuyé de la preuve que l'on possède les connaissances pouvant vous rendre apte à remplir des emplois spéciaux, comme magistrats ou autres emplois ne pouvant être accordés qu'après un examen. Dans ce cas , le droit doit être conservé pour la première vacance de la spécialité du citoyen appelé par le sort. Alors , et pour ce cas , et pour celui qui se trouverait si mon ayant-droit avait accepté , il faut que le droit soit sacré , et qu'aucune puissance humaine ne puisse priver un citoyen de participer aux emplois publics.

N'est-il pas de toute évidence que , outre la moralité, résultat de ce système de *chances égales pour tous*, le service ne peut être que mieux assuré quand le gouvernement n'ayant à

se pourvoir que pour les emplois les moins
compliqués, en dehors des gens accoutumés
aux divers services, et les mutations ayant lieu
par une espèce de : *serrez les rangs!* qui dé-
place le moins possible les capacités, sans cependant qu'aucune soit condamnée à l'immo-
bilité, il est à croire que pas un citoyen ne
négligera de se rendre digne de remplir les
emplois qui lui doivent revenir de droit s'il n'a
pas démérité? Oui, je pense que ce système
vaudrait mieux que celui qui, en jetant inso-
lemment un protégé au milieu d'une administration, y apportait le découragement et le
besoin de l'intrigue.

C'est en l'appliquant seulement à une mairie
que j'ai tâché de faire comprendre la possibilité d'un système plus en rapport avec les principes d'égalité qui nous régissent, et qui, d'ailleurs, sont déjà mis en usage dans l'armée, où
le citoyen commence par être soldat. Et ne
faut-il pas donner aux citoyens une compensation aux angoisses du tirage au sort et aux
conséquences terribles qui en sont la suite na-
turelle? Certes, ce sera toujours un grand bon-

neur pour un français que celui d'être appelé à défendre son pays ; mais quel mal pourrait-il y avoir à ce qu'à ce devoir si cher, il fut joint un droit sacré ? Et pourquci la France qui va prendre l'artisan, l'artiste, le garçon de ferme, le manœuvrier, etc., etc., pour en faire un soldat, pourquoi le pays n'irait-il pas également les chercher quand il a besoin d'employés civils ?

Je sens combien, à la première vue, ce nouveau système choque les préjugés reçus, mais il faut que la raison et l'équité triomphent des préjugés ; je conçois le changement apporté dans la position des préjugés des puissants ; ils étaient alors assurés de ne pas être soldats et d'être pourvus à de bons emplois : par une loi d'égalité, ils peuvent être forcés d'être soldats et n'ont droit aux emplois que comme de simples citoyens. Je veux bien y voir un sujet de regret pour ces privilégiés ; ce qui m'inquiète peu si je trouve une compensatiou dans des avantages obtenus pour tous les autres citoyens, et, partant, pour la chose publique.

Je le répète, mon système est basé sur le service militaire accompli par le citoyen désigné par le sort. Car le remplacement, sous quelque forme qu'on le déguise, serait une si amère ironie sous le régime actuel, qu'il y aurait de quoi faire souvenir d'une maxime devenue célèbre dans la bouche de Lafayette; mais si tout homme sensé est persuadé que les améliorations ne peuvent venir que graduellement, aucun ne balancera à accorder cette satisfaction réalisable dès à présent, et les *chances égales pour tous* empêcheront le retour de l'ignoble et scandaleux spectacle offert par les Odilon Barrot, les d'Argout, les Laplagne, et tant d'autres, profitant de leur passage au pouvoir pour pourvoir les membres de leur famille d'emplois lucratifs. Certes, il y aurait danger pour le nouvel ordre de choses si l'on pouvait voir se renouveler des distributions d'emplois aussi scandaleuses que le furent celles des Barthe, Persil et Dupin *d'alors*. Mais Barthe et Persil ont disparu de l'administration et ces noms appartiennent à l'histoire ainsi que celui de *M. Dupin d'alors*.

Car je ne pourrai jamais croire que M. Dupin

d'aujourd'hui soit le même qui, sous une autre enveloppe, se nourrissait des principes et des sucs qu'il tirait des feuilles qui ornaient deux branches d'un arbre en grande vénération alors pour lui et ses amis; à moins cependant qu'il ne se soit trouvé à point à l'état de chrysalide à l'instant de la chute de la dernière branche, et alors, n'y tenant plus que par un fil, la secousse aurait rompu le fil et brisé l'enveloppe de la chrysalide, et il en serait sorti ce beau papillon noir qui fut le premier de cette espèce à saluer l'arbre de la liberté et à lui demander ses principes et ses sucs pour s'en nourrir, *toujours avec le même plaisir*. S'il en est ainsi, respect au papillon noir, mais, pour moi, le Dupin de l'ancien régime, le Dupin qui mangeait si bien nos huîtres et nous donnait les coquilles, ce Dupin politique est mort le jour où il a reconnu le nouveau régime.

Pour mieux faire sentir le besoin d'une réforme du genre de celle appelée de nos vœux, je demande à citer quelques exemples des résultats de l'ancien système. Nous savons tous que le gouvernement dont la France vient de se débarrasser par une espèce de *haut de cœur*, ne nous a laissé que l'embarras du choix en fait de scandales; pourtant, je crois que ces trois noms, Barthe, Persil et Dupin, rappellent des faits qui se rapprochent du sujet dont nous nous occupons.

Ainsi, en ce qui concerne Barthe, par exemple, qui ne se souvient de l'avancement rapide et scandaleux du conspirateur carbonaro devenu un des courtisans les plus souples et sujet d'un maître?

Quant à Persil, le cœur bondit de dégoût en se souvenant que lui, ayant passé sa vie à l'étude du droit, et n'ayant pas la moindre notion de celles indispensables pour diriger les administrations et ateliers des Monnaies de France, il n'en a pas moins eu le cynisme de convoiter cette fonction au détriment des droits acquis par les hommes qui avaient usé leur existence dans les emplois analogues; et, dans la crainte que cette haute fonction vienne à lui échapper, et pour devancer la meute de limiers de ceux qui, comme lui, courait à la curée, c'est sur le cadavre encore palpitant de son respectable

prédécesseur, et sans égard pour les douleurs
d'une famille si justement éplorée, que Persil[1]
fut investi du poste si important de directeur
des Monnaies de France, avec 30,000 fr. d'appointements. La morale, l'intérêt, les voyez-
vous apparaître en rien dans cette ignoble
action ! Non certes ! Mais le pouvoir d'alors,
pourquoi a-il eu une préférence aussi marquée
pour cet homme ? quel service signalé a-t-il
rendu au pays ? son titre, en un mot ? Son titre
est celui-ci : comme Barthe, il s'était mis d'un
seul bond à la hauteur morale du chef de l'État,
comme lui, il avait trahi ses principes et ses
amis de la veille.

Mais, pour mieux apprécier les deux systè-
mes, du bon plaisir et celui d'une loi d'égalité,
il faut examiner la nomination de M. Dupin
d'alors aux fonctions de procureur-général à la
cour de cassation. Là se montre dans son hor-
rible nudité le favoritisme le plus éhonté, le
mépris des droits acquis, mépris qui fait perdre
aux magistrats foulés si dédaigneusement une
partie de leur ascendant moral.

M. Dupin était avocat, donc au-dessous d'un

juge de paix; car si ce magistrat cessait ses
fonctions, il redevient avocat s'il le juge à pro-
pos; ceci dit pour confirmer que je cherche
mon point d'appui dans une appréciation exacte
de la position sociale des magistrats et avocats.
Voici le fait : M. Dupin, sans avoir occupé aucune fonction intermédiaire, devient, de plaideur, *procureur-général* à la cour de cassation
avec 30,000 fr., soit 83 fr. par jour. Je vois
parfaitement l'intérêt particulier de M. Dupin
dans cette combinaison, mais M. Dupin me
rendrait service s'il voulait me dire ce que la
morale et l'intérêt général ont eu à gagner à ce
que ce soit lui, Dupin, qui ait pris la place de ce
procureur-général au lieu de M.***, qui y serait
venu après de longs et pénibles services, si l'on
avait une loi comme celle dont je signale la
possibilité, et qui serait si utile, surtout pour
la magistrature ; car c'est elle qui, comme la
femme de César, ne doit pas être soupçonnée.

Cependant, quelle puissance pourrait empêcher les justiciables de réfléchir et de dire
pourquoi M. Dupin, avocat au barreau, ayant
une brillante clientèle, va-t-il solliciter auprès

des ministres qu'il tance d'importance ? Car, on
le sait, M. Dupin était, fichtre! quasi de l'opposi-
tion, parfois. Ah dame, ce n'est pas lui qui
badinait avec le parce que ou quoique Bourbon.
Enfin, est-ce l'avocat fatigué qui sollicite une
fonction qui doit donner bien du tracas, quand
on pense que, en déduisant les repos et les
vacances, il lui reste à accomplir au plus 300
jours de travaux, pas forcés, pour lesquels il
reçoit 30,000 fr., ou 100 fr. par journée. Que
de mal ce pauvre homme doit se donner, lui,
dont on connaît la répugnance à toucher de
l'argent de l'État sans l'avoir gagné, plutôt
deux fois qu'une !

Puisqu'il est bien prouvé par le désintéres-
sement si connu de M. Dupin que ce ne peut
être pour les 30,000 fr. par an qu'il a quitté le
barreau et sa clientèle, qui diable peut l'avoir
porté à une pareille détermination ? Ma foi,
je crois que m'y voilà, et que M. Dupin me
pardonne d'avoir été si longtemps à trouver
l'énigme. M. Dupin se sera fait magistrat par
un entraînement sublime vers la réalisation
de notre sublime devise. Oui, c'est au nom de

la *Fraternité* que M. Dupin est devenu un magistrat. En voilà un républicain d'avant la veille, j'espère ! Voici comment ceci m'apparaît. M. Dupin avait un frère puiné qui suivait comme lui la carrière du barreau ; les deux frères pouvaient un jour se faire concurrence, mais M. Dupin, déjà imbu des principes socialistes, adoptant, ou plutôt devançant les idées du citoyen Louis Blanc sur les dangers de la concurrence, M. Dupin aîné quitte le barreau et se retire dans un fromage, et, de là, donne des conseils aux pauvres rats d'église qui se plaignent de leur misère.

Au fait, c'est au moment où son frère a besoin d'une clientèle que M. Dupin lui abandonne la sienne. Et ce ne devait pas être un mince cadeau, car tout plaideur *se trompant*, certes, sur les mœurs des magistrats, et croyant trouver des Teste ou des Cubières, on croira que, par un temps de corruption, il faut mieux confier ses intérêts à un magistrat qui a une telle influence sur la magistrature qu'elle semble honorée de ce que M. Dupin vienne occuper un des premiers rangs parmi eux. A preuve, c'est que M. Dupin jeune, qui n'avait pas l'expérience que beaucoup de ses collègues avaient pu acquérir par un long exercice, M. Dupin jeune n'en a pas moins été choisi par les Orléans pour soutenir leurs prétentions lors du procès concernant l'héritage du trop confiant prince de Condé.

Puisque je suis venu à parler du procès, suite du crime de Chantilly, je prie mes lecteurs de suivre les magistrats qui ont prononcé dans cette affaire, et ils verront que leurs promotions répétées n'eurent pas lieu d'après les principes de *chances égales* pour tous, et que, à la permission de MM. de Rohan de maudire leurs juges pendant vingt-quatre heures, on aurait dû joindre celle de pouvoir s'écrier à chaque mutation en faveur de ces magistrats : Oui, je suis bien jugé, car ceux qui ont prononcé étaient des hommes supérieurs, ainsi que le prouvent les récompenses dont ils sont accablés, pour ainsi dire, et ce ne serait pas eux qui n'auraient pas discerné un suicide et un assassinat suivi de vol. Oui, ils savaient ce qu'ils faisaient en prononçant comme ils l'ont fait.

Dieu et le roi les en ont récompensés; c'était un encouragement pour d'autres.

Cependant, malgré le besoin de récompenser des mérites transcendants, on n'a pu le faire ici comme pour M. Dupin sans méconnaître des droits acquis, car la logique dit ceci : ou les magistrats qui occupent depuis de longues années des fonctions analogues à celles de procureur-général devenue vacante, étaient des incapables qui ont vu avec plaisir M. Dupin venir prendre une place qu'ils ne pouvaient occuper convenablement; dans le cas contraire, pourquoi les mépriser au point de ne pas même s'occuper d'eux pour céder aux sollicitations d'un avocat qui a besoin d'un emploi lucratif pour des intérêts de famille? Cher lecteur, prenez la peine de consulter l'almanach ex-royal de cette époque, et vous trouverez que ces magistrats sacrifiés à la crainte de quelques coups des souliers ferrés du paysan de la Nièvre, ces magistrats sont, la plupart, des hommes blanchis sur leurs siéges, et portant des noms justement respectés.

Maintenant, deux mots sur le cumul des traitements Charles Dupin. Ces deux mots suffisent toujours pour faire apprécier le besoin de porter remède au scandale du cumul. En effet, voyez ! un homme, d'un mérite incontestable, mais n'ayant au bout du compte que vingt-quatre heures à dépenser par jour, se charge de travaux qui ne peuvent être faits que par plusieurs individus ! Ne doit-on pas craindre que la besogne se trouve en retard tandis que l'État comptera régulièrement les appointements ? Et pourquoi un individu absorberait-il seul ce qui peut faire vivre plusieurs familles ?

Je termine par un autre exemple curieux, en ce qu'il a donné lieu à plusieurs phénomènes que l'on voudra peut-être bien nous expliquer. Ainsi, comment se fait-il qu'un certain M. Dosne, en devenant le beau-père de M. Thiers, soit devenu en même temps un comptable tellement supérieur qu'il a dû, *à juste titre*, être pourvu de la première recette générale de France, à Lille (Nord), recette qui donne environ 50,000 f. par an de bénéfice ? Et remarquez ici, comme pour les MM. Dupin, comment les choses viennent à point pour certaines familles : M. Dosne, ainsi casé, pourrait donner en dot à l'épouse de M. Thiers un léger million ! par exemple, la recette lui assure l'intérêt de cette somme à 5 p. %, et, dans ce cas, M. Thiers se trouverait détenteur du million auquel il pourrait faire produire autant. Voilà de l'argent qui rapporte 10 p. % en partie aux dépens de la morale et de la bonne administration et aussi des deniers publics ! car le titulaire qui occupait convenablement la place depuis longtemps, se trouvait sûrement frappé de crétinisme par le seul fait du mariage de M. Thiers avec la fille de celui qui doit devenir son successeur, l'État le renvoie avec une pension de retraite de 20 à 30,000 f. par an, grèvant ainsi le budget d'une pension donnée prématurément. Pourquoi toutes ces injustices et ces dilapidations, pourquoi ? Parce que M. Thiers en avait besoin pour des intérêts de famille, et comme il avait de l'influence sur le pouvoir, il ne s'est pas gêné, ni on ne l'a pas gêné, et il a sacrifié l'intérêt général à l'intérêt particulier, en vrai escamoteur de 1830 et 40.

Voyez, Citoyens, par ces quelques exemples

choisis entre tant d'autres, voyez s'il ne serai pas utile qu'une loi réglât l'administration et l'avancement pour les emplois publics, de manière à ce que ce bon peuple français ne soit plus réduit à se contenter de mots pompeux au lieu de la réalité de l'Égalité, toutefois qu'elle est immédiatement réalisable sans perturbation. Aussi, je crois qu'il y aurait un grand concours de reconnaissance pour ceux qui, en étant capables, voudraient prendre la peine de faire fructifier l'idée émise ici d'une manière si confuse.

A. C., Ouvrier.

www.ingramcontent.com/pod-product-compliance
Ingram Content Group UK Ltd.
Pitfield, Milton Keynes, MK11 3LW, UK
UKHW021157140726
13695UKWH00005B/2181